주기도문

하늘에 계신 우리 아버지여
이름이 거룩히 여김을 받으시오며 나라가 임하시오며
뜻이 하늘에서 이루어진 것 같이
땅에서도 이루어지이다
오늘 우리에게 일용할 양식을 주시옵고
우리가 우리에게 죄 지은 자를 사하여 준 것 같이
우리 죄를 사하여 주시옵고
우리를 시험에 들게 하지 마시옵고
다만 악에서 구하시옵소서
(나라와 권세와 영광이 아버지께 영원히 있사옵나이다. 아멘)

마태복음 6장 9하반절-13절

주기도

하늘에 계신 우리 아버지,
아버지의[1] 이름을 거룩하게 하시며[2]
아버지의 나라가 오게 하시며,
아버지의 뜻이 하늘에서와 같이
땅에서도 이루어지게 하소서.
오늘 우리에게 일용할 양식을 주시고,
우리가 우리에게 잘못한 사람을 용서하여 준 것 같이
우리 죄를 용서하여 주시고,
우리를 시험에 빠지지 않게 하시고, 악에서 구하소서.
나라와 권능과 영광이 영원히 아버지의 것입니다. 아멘.

1) 원문〈σου〉은 '당신의'라는 뜻이다.
2) '아버지께서 우리를 통하여 당신의 이름을 거룩하게 하소서'라는 의미가 함축되어 있다.

사도신경

전능하사 천지를 만드신 하나님 아버지를 내가 믿사오며,
그 외아들 우리 주 예수 그리스도를 믿사오니,
이는 성령으로 잉태하사 동정녀 마리아에게 나시고,
본디오 빌라도에게 고난을 받으사,
십자가에 못 박혀 죽으시고,
장사한 지 사흘 만에 죽은 자 가운데서 다시 살아나시며,
하늘에 오르사, 전능하신 하나님 우편에 앉아 계시다가,
저리로서 산 자와 죽은 자를 심판하러 오시리라.
성령을 믿사오며, 거룩한 공회와, 성도가 서로 교통하는 것과,
죄를 사하여 주시는 것과, 몸이 다시 사는 것과,
영원히 사는 것을 믿사옵나이다. 아멘.

사도신경[1)]

나는 전능하신 아버지 하나님, 천지의 창조주를 믿습니다.
나는 그의 유일하신 아들,
우리 주 예수 그리스도를 믿습니다.
그는 성령으로 잉태되어 동정녀 마리아에게서 나시고,
본디오 빌라도에게 고난을 받아 십자가에 못 박혀 죽으시고,
장사된 지[2)] 사흘 만에 죽은 자 가운데서 다시 살아나셨으며,
하늘에 오르시어 전능하신 아버지 하나님 우편에 앉아 계시다가,
거기로부터 살아 있는 자와 죽은 자를 심판하러 오십니다.
나는 성령을 믿으며, 거룩한 공교회와 성도의 교제와
죄를 용서받는 것과 몸의 부활과 영생을 믿습니다. 아멘.

1) '사도신조'로도 번역할 수 있다.
2) '장사되시어 지옥에 내려가신 지'가 공인된 원문〈Forma Recepta〉에는 있으나, 대다수의 본문에는 없다.

SINCE 1972

성서원 내가 쓴 성경

Handwriting Bible

제 7 권

이사야 ~ 예레미야애가

| 필사자

| 시작일

| 마감일

| 교회명

성서원

성서원 내가 쓴 성경 1년 완성법

1. 필사에 사용되는 성경은 항상 같은 것을 사용하는 것이 좋습니다. 그래야 필사한 성경 본문의 길이가 일정합니다.
2. 글씨를 잘 쓰려고만 하지 말고, 먼저 말씀을 읽고 은혜를 받으신 후에 한 자 한 자 정성껏 써내려갑니다.
3. 하루에 평균 3장씩 쓰면, 1년 내에 신구약 필사를 완료할 수 있습니다.
4. 정해진 시간에 습관처럼 쓰는 것이 좋습니다. 일반적으로 하루에 2번, 아침과 저녁에 30분씩 쓰기를 권장합니다.
5. 하루에 몰아서 많은 분량을 쓸 경우 금방 지치게 됩니다. 만일 필사가 힘들게 느껴질 경우, 컬러링을 하면서 잠시 쉬어 가세요.
6. 상호 협력해서 쓸 수 있습니다. 교회 셀 단위 소그룹으로 나누거나 가정에서 12권을 각자 나누어 쓸 경우 1년내에 끝낼 수 있습니다.
7. 목표를 갖고 필사하세요. 신구약 필사를 1년내에 모두 마쳐서 성서원에 제본 의뢰를 맡기는 목표로 진행해보세요.

• 주의사항 | **매직펜, 싸인펜, 붓펜**으로 필사 **금지**

성서원 내가 쓴 성경 제본 진행도

12권 필사를 완료 후 성서원에 제본 의뢰 → 12권을 순서대로 맞추고 합본 작업 시작 → 백지로 남은 부분을 제거한 후 제본 진행 → 국내 최고의 장인이 직접 표지 작업(고급형/보급형) → 제본된 성경 측면에 금색 도련 작업 → 의뢰일로 약 3~4주 후에 의뢰인에게 발송

1권 합본

3권 분책

구분		가격
고급형 천연 가죽	1권 합본	150,000원
	3권 분책	210,000원
보급형 합성 피혁	1권 합본	130,000원
	3권 분책	190,000원

성서원 내가 쓴 성경 활용법

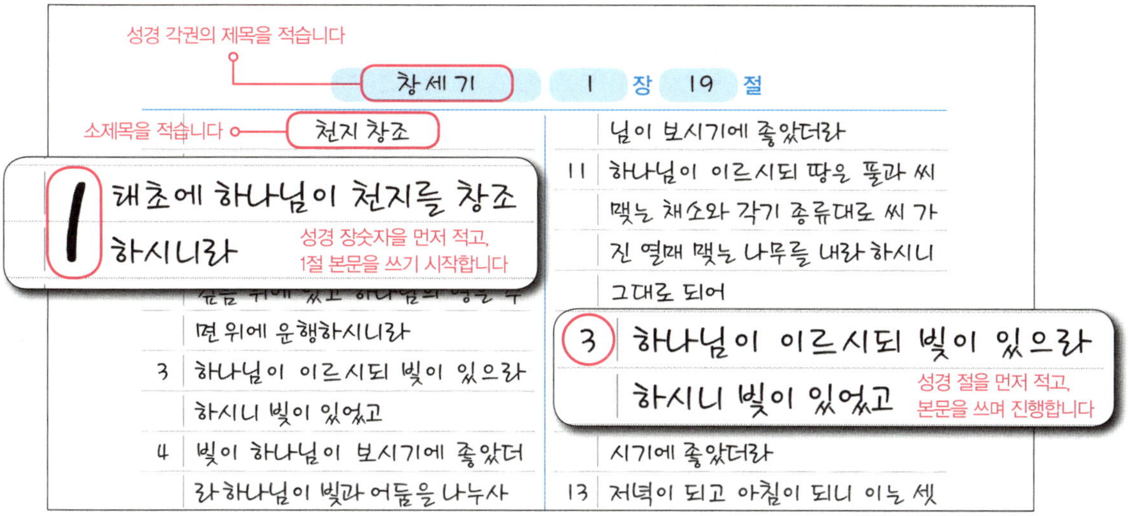

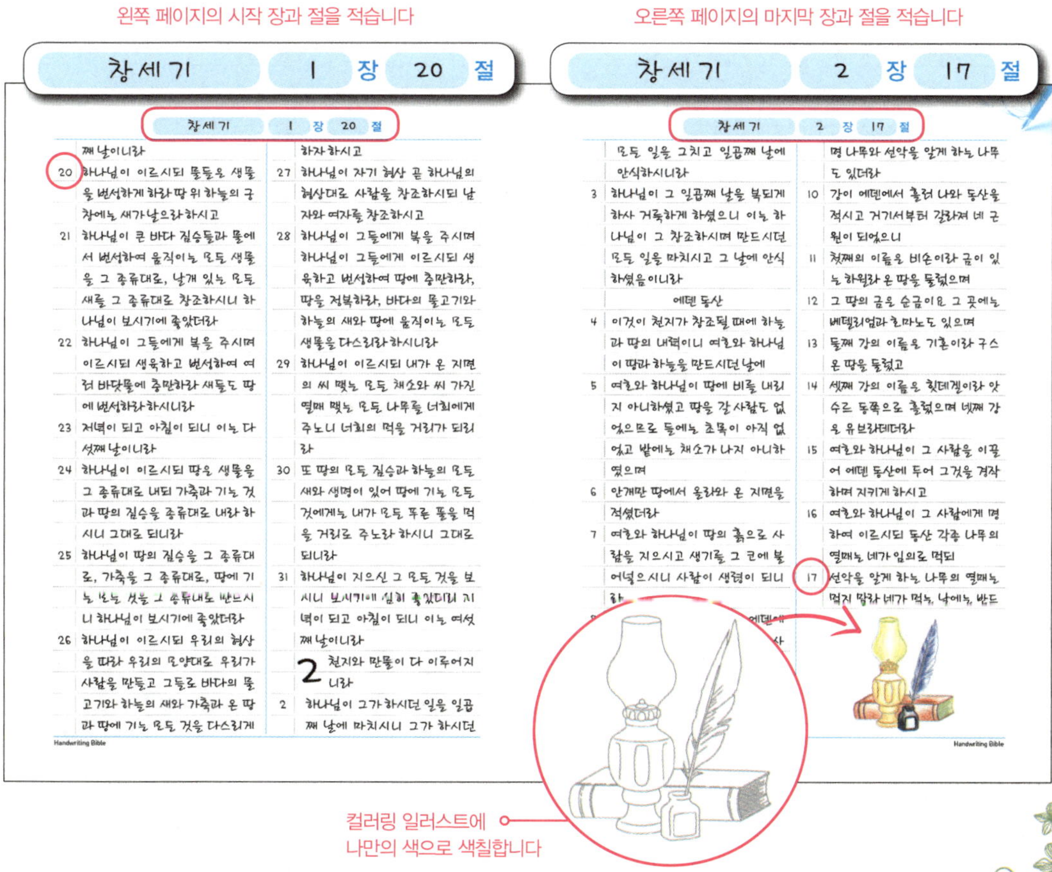

성경 쓰기표

구약																																				
창세기	1	2	3	4	5	6	7	8	9	10	11	12	13	14	15	16	17	18	19	20	21	22	23	24	25	26	27	28	29	30	31	32	33	34	35	36
	37	38	39	40	41	42	43	44	45	46	47	48	49	50																						
출애굽기	1	2	3	4	5	6	7	8	9	10	11	12	13	14	15	16	17	18	19	20	21	22	23	24	25	26	27	28	29	30	31	32	33	34	35	36
	37	38	39	40																																
레위기	1	2	3	4	5	6	7	8	9	10	11	12	13	14	15	16	17	18	19	20	21	22	23	24	25	26	27									
민수기	1	2	3	4	5	6	7	8	9	10	11	12	13	14	15	16	17	18	19	20	21	22	23	24	25	26	27	28	29	30	31	32	33	34	35	36
신명기	1	2	3	4	5	6	7	8	9	10	11	12	13	14	15	16	17	18	19	20	21	22	23	24	25	26	27	28	29	30	31	32	33	34		
여호수아	1	2	3	4	5	6	7	8	9	10	11	12	13	14	15	16	17	18	19	20	21	22	23	24												
사사기	1	2	3	4	5	6	7	8	9	10	11	12	13	14	15	16	17	18	19	20	21															
룻기	1	2	3	4																																
사무엘상	1	2	3	4	5	6	7	8	9	10	11	12	13	14	15	16	17	18	19	20	21	22	23	24	25	26	27	28	29	30	31					
사무엘하	1	2	3	4	5	6	7	8	9	10	11	12	13	14	15	16	17	18	19	20	21	22	23	24												
열왕기상	1	2	3	4	5	6	7	8	9	10	11	12	13	14	15	16	17	18	19	20	21	22														
열왕기하	1	2	3	4	5	6	7	8	9	10	11	12	13	14	15	16	17	18	19	20	21	22	23	24	25											
역대상	1	2	3	4	5	6	7	8	9	10	11	12	13	14	15	16	17	18	19	20	21	22	23	24	25	26	27	28	29							
역대하	1	2	3	4	5	6	7	8	9	10	11	12	13	14	15	16	17	18	19	20	21	22	23	24	25	26	27	28	29	30	31	32	33	34	35	36
에스라	1	2	3	4	5	6	7	8	9	10																										
느헤미야	1	2	3	4	5	6	7	8	9	10	11	12	13																							
에스더	1	2	3	4	5	6	7	8	9	10																										
욥기	1	2	3	4	5	6	7	8	9	10	11	12	13	14	15	16	17	18	19	20	21	22	23	24	25	26	27	28	29	30	31	32	33	34	35	36
	37	38	39	40	41	42																														
시편	1	2	3	4	5	6	7	8	9	10	11	12	13	14	15	16	17	18	19	20	21	22	23	24	25	26	27	28	29	30	31	32	33	34	35	36
	37	38	39	40	41	42	43	44	45	46	47	48	49	50	51	52	53	54	55	56	57	58	59	60	61	62	63	64	65	66	67	68	69	70	71	72
	73	74	75	76	77	78	79	80	81	82	83	84	85	86	87	88	89	90	91	92	93	94	95	96	97	98	99	100	101	102	103	104	105	106	107	108
	109	110	111	112	113	114	115	116	117	118	119	120	121	122	123	124	125	126	127	128	129	130	131	132	133	134	135	136	137	138	139	140	141	142	143	144
	145	146	147	148	149	150																														
잠언	1	2	3	4	5	6	7	8	9	10	11	12	13	14	15	16	17	18	19	20	21	22	23	24	25	26	27	28	29	30	31					
전도서	1	2	3	4	5	6	7	8	9	10	11	12																								
아가	1	2	3	4	5	6	7	8																												
이사야	1	2	3	4	5	6	7	8	9	10	11	12	13	14	15	16	17	18	19	20	21	22	23	24	25	26	27	28	29	30	31	32	33	34	35	36
	37	38	39	40	41	42	43	44	45	46	47	48	49	50	51	52	53	54	55	56	57	58	59	60	61	62	63	64	65	66						
예레미야	1	2	3	4	5	6	7	8	9	10	11	12	13	14	15	16	17	18	19	20	21	22	23	24	25	26	27	28	29	30	31	32	33	34	35	36
	37	38	39	40	41	42	43	44	45	46	47	48	49	50	51	52																				
예레미야애가	1	2	3	4	5																															
에스겔	1	2	3	4	5	6	7	8	9	10	11	12	13	14	15	16	17	18	19	20	21	22	23	24	25	26	27	28	29	30	31	32	33	34	35	36
	37	38	39	40	41	42	43	44	45	46	47	48																								
다니엘	1	2	3	4	5	6	7	8	9	10	11	12																								
호세아	1	2	3	4	5	6	7	8	9	10	11	12	13	14																						
요엘	1	2	3																																	
아모스	1	2	3	4	5	6	7	8	9																											
오바댜	1																																			
요나	1	2	3	4																																
미가	1	2	3	4	5	6	7																													
나훔	1	2	3																																	
하박국	1	2	3																																	
스바냐	1	2	3																																	
학개	1	2																																		
스가랴	1	2	3	4	5	6	7	8	9	10	11	12	13	14																						
말라기	1	2	3	4																																

신약																												
마태복음	1	2	3	4	5	6	7	8	9	10	11	12	13	14	15	16	17	18	19	20	21	22	23	24	25	26	27	28
마가복음	1	2	3	4	5	6	7	8	9	10	11	12	13	14	15	16												
누가복음	1	2	3	4	5	6	7	8	9	10	11	12	13	14	15	16	17	18	19	20	21	22	23	24				
요한복음	1	2	3	4	5	6	7	8	9	10	11	12	13	14	15	16	17	18	19	20	21							
사도행전	1	2	3	4	5	6	7	8	9	10	11	12	13	14	15	16	17	18	19	20	21	22	23	24	25	26	27	28
로마서	1	2	3	4	5	6	7	8	9	10	11	12	13	14	15	16												
고린도전서	1	2	3	4	5	6	7	8	9	10	11	12	13	14	15	16												
고린도후서	1	2	3	4	5	6	7	8	9	10	11	12	13															
갈라디아서	1	2	3	4	5	6																						
에베소서	1	2	3	4	5	6																						
빌립보서	1	2	3	4																								
골로새서	1	2	3	4																								
데살로니가전서	1	2	3	4	5																							
데살로니가후서	1	2	3																									
디모데전서	1	2	3	4	5	6																						
디모데후서	1	2	3	4																								
디도서	1	2	3																									
빌레몬서	1																											
히브리서	1	2	3	4	5	6	7	8	9	10	11	12	13															
야고보서	1	2	3	4	5																							
베드로전서	1	2	3	4	5																							
베드로후서	1	2	3																									
요한일서	1	2	3	4	5																							
요한이서	1																											
요한삼서	1																											
유다서	1																											
요한계시록	1	2	3	4	5	6	7	8	9	10	11	12	13	14	15	16	17	18	19	20	21	22						

- 쓴 만큼 쓰기표에 펜으로 표시하세요.
- 항상 정해진 시간에 정해놓은 분량을 습관처럼 꾸준히 쓰기를 권장합니다.
- 교회나 가정에서 서로 나누어 쓰기를 하셔도 좋습니다.

장 절

장 절

장 절

장 절

장 절

장 절

장 절

장 절

장 절

장 절

장 절

장 절

장 절

장 절

장 절

장 절

장 절

장 절

장 절

장 절

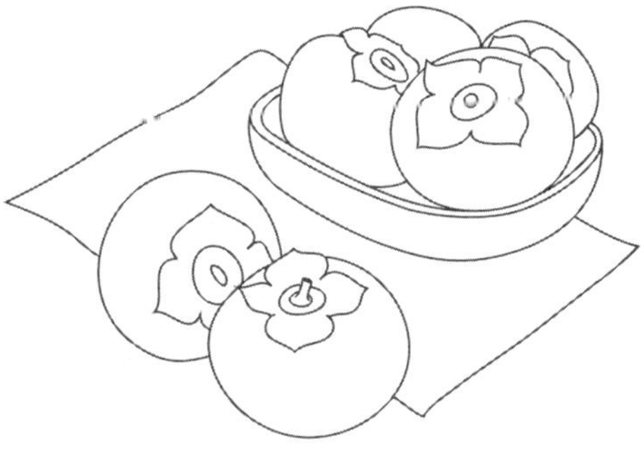

장 절

장 절

장 절

장 절

장 절

장 절

장 절

장 절

장 절

장 절

장 절

장 절

장 절

장 절

장 절

장 절

장 절

장 절

장 절

장 절

장 절

장 절

장 절

장 절

장 절

장 절

장 절

장 절

장 절

장 절

장 절

장 절

장 절

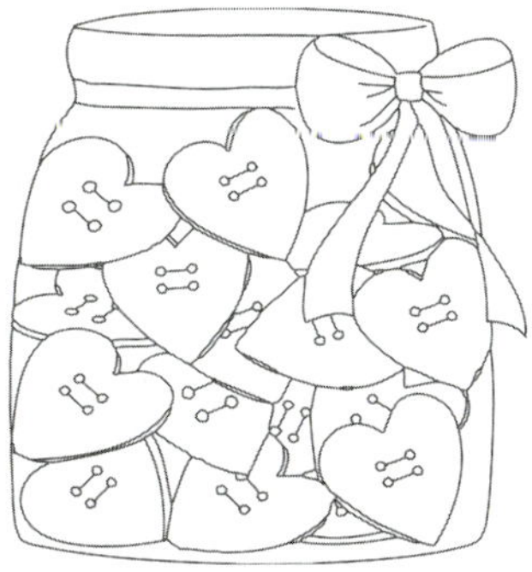

장 절

장 절

장 절

장 절

장 절

장 절

장 절

장 절

장 절

장 절

장 절

장 절

장 절

장 절

장 절

장 절

장 절

장 절

장 절

장 절

장 절

장 절

장 절

장 절

장 절

장 절

장 절

장 절

장 절

장 절

장 절

장 절

장 절

장 절

장 절

장 절

장 절

십 계 명

하나님이 이 모든 말씀으로 말씀하여 이르시되
나는 너를 애굽 땅, 종 되었던 집에서 인도하여 낸
네 하나님 여호와니라

제일은, 너는 나 외에는 다른 신들을 네게 두지 말라

제이는, 너를 위하여 새긴 우상을 만들지 말고
또 위로 하늘에 있는 것이나 아래로 땅에 있는 것이나
땅 아래 물 속에 있는 것의 어떤 형상도 만들지 말며
그것들에게 절하지 말며, 그것들을 섬기지 말라

나 네 하나님 여호와는 질투하는 하나님인즉
나를 미워하는 자의 죄를 갚되 아버지로부터 아들에게로
삼사 대까지 이르게 하거니와 나를 사랑하고
내 계명을 지키는 자에게는 천 대까지 은혜를 베푸느니라

제삼은, 너는 네 하나님 여호와의 이름을
망령되게 부르지 말라

여호와는 그의 이름을 망령되게 부르는 자를
죄 없다 하지 아니하리라

제사는, 안식일을 기억하여 거룩하게 지키라

엿새 동안은 힘써 네 모든 일을 행할 것이나
일곱째 날은 네 하나님 여호와의 안식일인즉
너나 네 아들이나 네 딸이나
네 남종이나 네 여종이나 네 가축이나
네 문안에 머무는 객이라도 아무 일도 하지 말라
이는 엿새 동안에 나 여호와가
하늘과 땅과 바다와 그 가운데

모든 것을 만들고 일곱째 날에 쉬었음이라
그러므로 나 여호와가 안식일을 복되게 하여
그 날을 거룩하게 하였느니라

제오는, 네 부모를 공경하라

그리하면 네 하나님 여호와가
네게 준 땅에서 네 생명이 길리라

제육은, 살인하지 말라

제칠은, 간음하지 말라

제팔은, 도둑질하지 말라

제구는, 네 이웃에 대하여 거짓 증거하지 말라

제십은, 네 이웃의 집을 탐내지 말라

네 이웃의 아내나 그의 남종이나
그의 여종이나 그의 소나 그의 나귀나 무릇
네 이웃의 소유를 탐내지 말라
(출애굽기 20장 1절 – 17절)

예수께서 이르시되,
네 마음을 다하고 목숨을 다하고 뜻을 다하여
주 너의 하나님을 사랑하라 하셨으니,
이것이 크고 첫째 되는 계명이요, 둘째도 그와 같으니,
네 이웃을 네 자신같이 사랑하라 하셨으니,
이 두 계명이 온 율법과 선지자의 강령이니라.
(마태복음 22장 37절 – 40절)